DONDE VUELAN LOS PÁJAROS AZULES

DONDE VUELAN LOS PÁJAROS AZULES

JOSÉ FRANCISCO MEGÍAS FLÓREZ

Valparaíso
EDICIONES

Número 551 de la Colección VALPARAÍSO DE POESÍA
dirigida por FEDERICO DÍAZ-GRANADOS

Diseño de colección y portada: Chari Nogales
Maquetación: Carlos Henson

Primera edición: enero 2026

© De los poemas: José Francisco Megías Flórez
© Imagen de portada: José Francisco Megías Flórez

© Valparaíso Ediciones
   C/ Fray Leopoldo, 7 bajo, 18014 Granada
   www.valparaisoediciones.es

   ISBN: 979-13-88007-30-9
   Depósito Legal: GR 11-2026

   Impreso en España - *Printed in Spain*
   Gráficas Gami

DONDE VUELAN LOS PÁJAROS AZULES

NO MORE PUNK

Algunas mañanas, en mi camino,
tropiezo con el cuerpo
de un ave muerta.

Si la tomo entre mis manos,
solo siento como si abrazara el aire;
como si sostuviera un amable recuerdo en equilibrio
sobre la yema de un dedo;
como si acariciara la superficie del agua;
como si intuyera mi caída por la pesadilla del vacío.

No hay materia. No hay peso.

Esta misma mañana me ha pasado con una tórtola,
pero ya lo viví hace años
con un gorrión,
una carraca,
una paloma,
un pollo de buitre
o un petirrojo
que le arrebaté a un gato camino del colegio.

Los pájaros siempre mueren antes de que el sol salga;
en esas madrugadas en las que la niebla
extiende un velo de baba fría
sobre los hombros
de unas pocas sombras
que avanzan arrastrando su cadena.

Ya no llueve en noviembre,
y casi nadie baila a los sones de las campanas
de los que ya se fueron.
Pero los pájaros siguen muriendo.
Y yo sigo tomándolos entre mis manos
y dejándolos caer
por el hueco de la memoria.

Una memoria donde ellos sí,
ellos sí,
parecen remontar el vuelo
hacia luminosas profundidades
que hace tiempo,
por temor, cansancio o conformismo,
dejé de frecuentar.

ELEGÍA

a José Luis Gutiérrez Díaz

Una ciudad donde cantan los gallos;
donde los cascos de las caballerías
aún golpean los cantos rodados de las calzadas;
donde los niños chillan en las calles,
recorren los pasillos de las corralas huyendo de los fantasmas,
beben quina
y se meten mano en los armarios.

Donde las mujeres recogen la compra
tirando de una cuerda atada a un capazo,
y tienden la ropa sobre las calles mojadas
del baldeo de madrugada y mal coñac.

Donde las puertas no se cierran,
o se abren
con unas llaves imposibles;
y en la calle venden aceitunas
y avellanas en cucuruchos de papel.

Donde los cafés tienen suelos de madera con quemaduras de
    cigarro,
y los camareros visten de blanco
con galones dorados.

Una ciudad que nadie visita porque es fea y gris,
y hay chaperos y travestis,

junto a tiendas de fajas,
que se ofrecen a chupártela por cuatro perras.

Donde las cañas cuestan unas pesetas,
las gambas llevan gabardina,
el vino, gaseosa,
y venden hachís bajo el arco de Ciudad Rodrigo.

Una ciudad donde nada hay que ver.
No hay tuktuks ni sightseeings ni tours
ni paraguas de colores,
con los que ilustrados de pega
le sacan el dinero a la gente con sus trolas.

Donde cada quince días se cambia de acera para aparcar,
y en los baños de la estación de Atocha
te miran la polla cuando meas.

Donde Velázquez, Ribera y Goya
sestean de tedio en las salas, casi desiertas,
de un museo que aún no existe,
con expertos y copistas como únicos testigos;
nadie sabe quién es Picasso
y el río es una cloaca donde, hasta hace bien poco,
se bañaban los niños
y se lavaba la ropa.

Una ciudad de niñas con largas trenzas morenas
y de motos con sidecar;
con límites y afueras,
con desmontes y basurales,
con navajeros, quinquis y castañeras.

Una ciudad que no se parece a ninguna otra en el mundo;
que presume de su eterna grisura,
de su sol de atardecer,
de su hermosa fealdad
siempre reconocible,
viva entonces
como nunca fue.

Madrid:
la ciudad robada,   ·
la ciudad soñada,
la ciudad a la que, a empujones, obligaron a despertar,
la ciudad que aún parece ignorar que ya es otra,
que ya no es hogar para nadie.

Una ciudad a la que han borrado de los mapas
que se tatúan en la palma de la mano:

esos que solo se consultan
cuando uno se sabe, de verdad,
perdido para siempre.

ANIMAL HERIDO

a Federico Arbós

Me asalta un divino dolor.

Las nubes cruzan,
atraviesan mi mirada
y, a su paso, dejan un rastro de luz amarga.

Ya no se quedan allí,
señales de un amor salvaje,
como hicieran en otros días
cuando alguien me anunció que era poeta.

Poeta, nada menos.

Y tuve el torpe atrevimiento de creerlo.

Poeta.

Aunque bien es verdad
que, en aquellos días,
los pájaros parecían adoptar poses ante mí,
como si fuera un mago.
Y, siguiendo mi santa voluntad, las cosas florecieran,
en pleno delirio,
y cantaran
o lucieran como estrellas,
a plena luz de un día

que tenía peso,
que dejaba poso.

Poeta.

Ahora,
que ya sé que tan solo soy un hombre
como tantos;
añoso como un viejo roble desmochado,
calvo,
con sobrepeso y dolores articulares,
adicto a distintas sustancias,
ciego y frágil como un muñeco
en las manos de un niño iracundo.

Ahora,
que ya sé que no existe salvación alguna;
que el sentido se pudre
en el sinsentido de todo;
que no hay futuro
al que sostener sobre mis manos anhelantes,
busco a los pájaros de entonces
por este cielo vacío,
con la misma ansiedad melancólica
que el perro hundido de Goya.

Unos pájaros que ya no vuelan
por este cielo lechoso,
que más parece un muro
que el umbral hacia la nada feraz
que los locos
se siguen obstinando en anunciar.

Unos pájaros
que se fueron borrando
con el paso de los días,
como las nubes de entonces.

Entonces,
cuando mi cuerpo era como un espejo
en el que todo se miraba,
en el que todo quería detenerse
y dejar su rastro
en forma de beso, de lágrima, de risa,
en forma de herida abierta,
o en forma de música.

(Como música fue el crepitar
de aquella hoja seca,
que el solitario vagabundo
pisó con descuido,
en una tarde vacía de tedio estival;
y que nadie quiso escuchar:

porque a nadie le gusta tener ante sí
a un animal que se muere).

ESPEJISMO

Un día, hace ya tiempo, tuve una hija.
La disfruté poco.

Apenas un minuto fue bastante
para fijar sus hermosos rasgos
en mi frente dolorida.

Luego, la perdí.

Hoy, he soñado con ella.

Estaba, quizás, más delgada,
y comía sola
mientras yo fregaba los platos
y la observaba de reojo.

No pretendo encontrarle una explicación a esto.
Me basta con saber cómo me siento
ahora mismo:
despierto y ya en pie,
después de un café con leche
y dos tostadas de pan de molde
con mantequilla y mermelada
de naranja amarga.

¿Triste?
No exactamente triste;
melancólico, quizás;
nostálgico por lo perdido sin remedio.

Mi hija.

Carece de todo sentido
articular estas dos palabras unidas,
sin haber vivido nunca
la experiencia real de ser su padre.

Pero la vida fue así:
algo que me pasó por encima, y me dejé ir.

Mi hija:
un soplo de aire,
una sombra entrevista,
dos palabras,
un vacío,
un ayer sin contenido,
un mañana sin futuro.

CONSEJO

Desconfía de la niebla.

Desconfía de todo aquel que te niegue la luz.

Desconfía del que quiera conducirte
a pasitos cortos por caminos revelados,
con luces falsas.

Desconfía de la mano que te quiera guiar.

Equivócate solo.

Choca, yerra y vuelve a empezar.

Espera a que levante la niebla
y elige tu propio fracaso:
el único que sirve para morir en paz.

FÁBULA DEL CONSEJERO Y LA RAMA

El consejero sabe que la patria es una cuenta con muchos ceros,
y que el amor,
en todo caso,
hay que dejarlo para los perros y el servicio.

Cada mañana,
las cortinas abiertas
le descubren un paisaje de ensueño,
con rocas y verde
y alguna que otra obra de ese artista
que ya aparece en los libros.

¿Qué nos va a traer el nuevo día?

Hoy, de madrugada,
en la radio,
la crónica versa sobre lo que tarda en fabricarse un misil.

Son dos años.

Dos años
que son 730 días,
17520 horas,
1051200 minutos
o 63072000 segundos.

Y ahora ponte a contar.

Un misil tarda en estar listo
todo ese tiempo que tiende a infinito.

Infinito, pues.

Qué hermosos son los datos:
números que bailan ante sus ojos
como vilanos agitados por una brisa amable;

la danza de las esferas;

el uroboros.

Otro dato:
las empresas que fabrican estos artilugios no dan abasto;
literalmente, se los quitan de las manos.

¿Qué dice esto sobre el mundo que hemos creado?

Ante una información semejante,
¿en qué lugar quedamos como seres pensantes y sintientes?

Yo diría que como una putísima mierda,
pero
¿quién soy yo para opinar?

La verdad es que, todo esto, al consejero no le afecta.

Él solo sabe de números de cierto peso.
Uno, dos, tres, cien,
incluso mil o doscientos mil
son magnitudes que no alteran
la temperatura de su cuerpo.

Si, por ejemplo, le comentas
que uno de esos misiles, que la industria a su cargo tarda en
    fabricar dos años,
aniquila en un segundo
a una familia completa

o a doce niños

o a treinta mujeres

o a todos juntos al tiempo:
una familia completa,
doce niños,
treinta mujeres.

Si escucha esto,
el consejero solo pregunta:
vamos a ver, tú:
¿a cuánto vendemos el misil?

Y algún subalterno enseguida le responde:

a cuatro millones de euros,
señor consejero.

Y sabedor ya de los datos:
los muertos, por un lado, y el precio de venta, por otro,
el pulso sigue su ritmo inalterable.
Es posible que hasta se ralentice ligeramente.

Y esta es la vida para algunos.
Todo depende de donde el azar decida cagarte en el mundo.
Olvídate: no hay más mérito.

Cuando el consejero observa,
desde su caldeado salón,
una rama seca que, en su opinión,
arruina la imagen completa de su jardín,
no tiene más que ordenarle a una
que le diga al otro
que exija al responsable
que hable con el jardinero
para que, esa misma mañana,
a lo más tardar,
corte esa rama nefanda que desasosiega al señor.

Y así sigue la vida su paso inalterable.

MI PADRE ABANDONA LA TIERRA

La víspera de su muerte
mi padre quiso ponerse en pie.

Después de días
desplomado sobre la cama
como un pelele,
rasguñando el aire
como los peces fuera del agua,
sordo a las caricias,
insensible a las palabras,
frío a los besos,

despertó ese día
con fuerzas renovadas.

(Un hecho cuasi milagroso para la doctora Pacheco
que no había visto algo así en su vida).

Mi padre nos pidió
que le echáramos tres euros con cuarenta céntimos en el
    televisor
y le ayudáramos a incorporarse.

Así que,
sosteniendo cada uno de sus entecos y lacerados brazos,
verdaderos mapas de la ruta del dolor inútil,
Nieves y yo le pusimos en pie.
Y allí se quedó, erguido a medias,
con la mirada perdida,

y aquel insidioso vagido
que brotaba de su garganta,
dedicando con indiferencia
la que iba a ser,
alzado sobre sus dos piernas,
su postrera mirada a este mundo de mierda.

Menudo panorama:

unas deslucidas paredes en color verde sucio,

un calendario,
feo como para desear el fin de los tiempos,

una ventana, imposible de abrir,
con memorables vistas sobre patios traseros,
sembrados de juguetes rotos,
ropa olvidada en cuerdas caídas,
baldosas quebradas
y matas de malvaloca,

y un puto televisor, a tres euros con cuarenta céntimos
las veinticuatro horas de emisión,
rebosando de heces y fango hasta los bordes.

Fueron apenas dos minutos
los que así permaneció, en completo silencio,
erguido a medias,
con la mirada perdida
y aquel roto vagido
que brotaba de su garganta.

Luego, nos pidió que le ayudáramos a sentarse de nuevo.

Al final de la mañana,
cuando Nieves y yo nos íbamos a marchar
sin saber que sería nuestra última despedida,
y le dije,
bueno, papá, nos vamos,
mi padre hizo amago de levantarse de nuevo,
con la intención de unirse a nosotros en la partida.

Y, ante su incapacidad, obligada por la falta de fuerzas,
y su mirada repleta de ansia,
le tuve que aclarar
que éramos solo nosotros dos los que nos íbamos;
que él tenía que quedarse aún
un poco de tiempo más,
pero que pronto volvería a casa.

Asintió resignado y allí le dejamos.

Ya han pasado cuarenta y tres días desde aquella última
mañana.

Y ayer,
no importa dónde,
leí un apunte sobre el comportamiento de cierto tipo de
escarabajo
que, cuando siente que va a morir,
vuela por vez primera en su breve existencia,
abandona la tierra
y come hojas de los árboles como gesto postrero.

Y, no sé por qué,
pero recuerdo aquel día
y extraño a mi padre.

CIUDAD ROBADA

Mi ciudad comenzaba en una calle estrecha
donde, junto a una tienda de fajas y lencería,
esperaban los chaperos a sus clientes
fumando cigarrillos sin boquilla.

Con tiendas donde comprar unos guantes,
un arma,
unas flores,
un buen libro
o un cuchillo bien afilado.

Con coches viejos, aparcados junto a ambas aceras,
una farmacia donde saludabas al mancebo por su nombre,
un bar minúsculo y ruidoso en la esquina con la plaza
y, al fondo,
donde acababa la cuesta,
un hostal,
un comercio de saldos,
y la tienda de muebles donde mis padres compraron su
    primera cama.

Aquella ciudad
seguramente olía mal,
era más sucia y más gris,
más incierta y despiadada,
pero escuchar mis pasos sobre sus viejos adoquines
me hacía sentir vivo
y cuando me alejaba de ella la añoraba con dolor.

Hoy,
apenas paso por aquella calle
en donde empezaba una ciudad que ya no existe:

ya no hay chaperos
ni coches
ni abre el bar de la esquina
ni la tienda de flores
ni la cuchillería
ni el comercio de caza
ni el de los buenos libros,
y arriba,
al final de la cuesta,
sólo queda el hostal,
que ahora es un hostel,
el negocio de saldos se ha transformado en un local de objetos
    inútiles
y la tienda de muebles es un gimnasio.

Hay bares en los que se hablan idiomas,
tiendas de recuerdos horteras,
y la farmacia, es verdad,
sigue allí,
aunque el mancebo ya se ha jubilado.

También, un par de locutorios,
una tienda de licores exclusivos
y varios restaurantes de gastronomía internacional.

Una calle, pues, como se puede encontrar en Londres,
en París,

en Milán
o en cualquier otra puta ciudad de este mundo franquiciado.

Mi consuelo:
saber que va a llegar un día,
que no voy a ver,
en que toda esta fealdad codiciosa,
igualadora y necia,
desaparecerá con sus perpetradores
y habrá otra cosa,
o quizás nada.

Mejor nada.

Un vacío silencioso y profundo
en donde el paso del hombre por la tierra,
no sea más
que el rescoldo de un mal sueño
que nunca se ha de repetir.

LOS DESTELLOS

Ver sonreír a mi madre.

Acariciar la cabeza del burro
que se asomaba
por una puerta de establo en Torre del Mar.
Mi padre o mi madre me cogían en brazos,
el burro sacaba la cabeza,
y yo recorría con mis manos aquella pelambre dura y rasposa.
Y así,
antes de bajar a la playa,
cada día.

Esperar a mi abuelo Doro en el portal de la calle Olivar,
con mi abuela Paquita.
Al verlo asomar en lo alto de la cuesta,
salir corriendo hacia él y arrojarme en sus brazos.

Subir a los hombros de mi padre
para que me llevara a la cama por la noche,
agachando la cabeza para traspasar el umbral.
Mi padre era un gigante.

Sentir miedo cuando otro niño se escapó de la guardería.
Miedo por mí, no por el otro.

Recoger gorriones heridos de la calle.

Ver crecer al ciprés que había plantado bajo mi ventana.
Escuchar cantar al mirlo desde ese mismo ciprés,
sin saber que era un mirlo.
Solo era un pájaro que cantaba para mí.

Aprender que, aquel pájaro que cantaba, era un mirlo.

Pedirle a mi hermana que hiciera gestos raros con la boca
y me hiciera reír.

Entrar, en silencio,
en la habitación de mi abuelo Plácido,
acercarme a su cama,
que me acariciara suavemente la cara,
me reconociera en su ceguera
y pronunciara mi nombre.

Correr por el pasillo de la casa de Huertas hasta la cocina,
abrir la puerta de la despensa
y sacar la caja con los indios y los vaqueros.

Contemplar a mi bisabuela Asunción,
con su cristal de gafa nublado,
leyendo las esquelas del ABC.

Dormir en casa de mi tía Loli y mi tío Máximo
y escuchar desde la cama el pregón del churrero.

Tapar a mi perro de peluche con la ropa que me pondría al día
    siguiente,
para que no pasara frío.

Lanzar cosas desde la terraza a la calle.

Beber leche fría.

Escuchar cantar a Nino Bravo.

Acompañar a mi abuelo Doro cuando visitaba las casas que
administraba.

Tomar el aperitivo en Casa Máximo con mis padres, mi
hermana y mis abuelos maternos.

Abrir los cajones y los armarios en la casa de Huertas.

Escuchar los sonidos de la carpintería que había enfrente de
casa
mientras intentaba dormir la siesta
en las tardes de verano.

Comer los bocaditos de nata que mi abuelo Doro compraba
para mí
porque sabía que eran mis preferidos.

Ver a mi padre jugar al fútbol en Pinar del Rey.

Ver a mi padre viéndome jugar al fútbol o al frontón en Pinar
del Rey.

Comer ensaladilla rusa sobre una patata frita en Casa Máximo.

Escuchar a mi tía Loli contarnos el cuento de la niña que
    perdió el abanico,
con mis primos y mi hermana,
todos sentados en círculo
en el despacho vacío de la casa de Fernán González.

Meterme con Yolanda en el armario de su casa,
cerrar la puerta y jugar a los médicos.

Acariciar la piel de Yolanda cuando jugábamos a los médicos.

Viajar con mis abuelos maternos en su Renault 8,
camino de Villanueva de la Serena,
de Sevilla o de Santander.

Contemplar lo que mi abuelo Doro me señalaba en el camino:
una pradera como una alfombra,
una oveja con su cordero recién nacido,
la corteza del alcornoque,
la torre de una iglesia al final de la larga carretera.

Sentarme sobre las rodillas de las niñas mayores
y que estas me abrazaran y me besaran.

Experimentar una inexplicable y placentera excitación
cuando las niñas mayores me subían sobre sus rodillas,
y me acariciaban y me besaban.

Jugar al pinball en cualquier bar subido sobre una banqueta.

Ver ganar al Atleti.

Ver perder al Madrid.

Comer en algún restaurante con mi familia:
entremeses, de primero,
filete empanado con patatas fritas, de segundo,
y pijama, de postre.

Forrar los libros recién comprados para el nuevo curso.

Asomarme a la ventana de la cocina
de la casa de Fernán González
para ver entrar los autobuses de Iberia en el garaje.

Recoger piñones
abrirlos con una piedra y comerlos.

Tumbarme en el sillón a ver una película de vaqueros,
de Tarzán o de los Hermanos Marx,
los sábados por la tarde
después de comer,
en la casa de la calle Chile de mis abuelos maternos.

Jugar con mis amigos,
correr,
sudar,
y beber, después,
agua fresca de cualquier grifo.

Subir con mi abuelo Doro a lo alto de la Giralda.

Ver sonreír a mi madre.
Aún hoy.
Todavía hoy.

DÍAS DE FIESTA

Vienen los días,
las mañanas iguales como cafés recalentados,
que ni amargan
ni templan ni reconcilian con nada.

Ante la ventana,
el mismo paisaje de ayer,
el mismo hueco,
la misma inexistencia.

Atrás quedan los sueños,
bajo las sábanas frías.
Imágenes que se repiten una y otra noche.
Mis pasos ante puertas cerradas.
Oculta, siempre, la dolorosa sorpresa,
la risa aguda como filo de cristal,
la pérdida,
el abandono.

Persigo figuras que se apartan:

Ella,
Ella,
Ella.

Vienen los días porque vienen.

En ocasiones,
me detengo un momento
y a mis labios llega una sola palabra,
breve,
hiriente como un rayo de luz,
dolorosa,
atosigadora,
curativa:

Ya,
Ya,
Ya.
Ya es el tiempo de descansar.

Aunque sé que no va a ser así por el momento.

Y, como descubierta en un espejo,
la palabra que me hubiera de calmar
no hace sino atizar
el fuego que me consume.

TENTATIVA DE SUICIDIO FUERA DE TEMPORADA

Noviembre es un mes de mierda.

La piscina, abandonada,
refleja un cielo fosco y cruel,
bajo hojas secas
arrancadas por el viento,
trapos, plástico y soledad.

Ya no hay golondrinas,
duplicadas mientras beben,
ni vencejos
ni luz amable.

En noviembre,
la luna nace en pleno día
y se apaga hacia poniente,
bajo los pinos oscuros,
sin dejar un recuerdo que ayude en nada.

En su camino por el cielo mate,
se asoma, brevemente, sobre el agua verdosa
de la piscina abandonada,
y, allí,
imagen imperfecta,
la puedo ver temblar
desdibujándose bajo la basura
y el viento frío.

Un mes de mierda
es noviembre.

Los cometas suspiran por otras latitudes
y el cielo es apenas un espejo
que refleja mi cara más tonta:
la más real.

Y me digo, entonces,
que ya va siendo hora de probar la temperatura
de esas aguas.

Pero todo es tan patético
que ni siquiera la piscina es mía;
la finca está vallada,
y, además,
los dueños son un par de imbéciles
que, cuando me cruzo con ellos,
ni me saludan.

ADONDE NUNCA DEBERÍAN HABER LLEGADO

A esas horas de la noche,
hasta el cielo
vive sordo a los lamentos
de los más abandonados.

Con los ojos fijos en el suelo,
con los cuerpos ateridos,
con los brazos flojos,
sin respuesta,
sin empuje para la pelea,
rendidos,
avanzan, fatales,
hacia la puta boca del metro,
caminando sobre un suelo sucio,
recién fregado,
donde los pies se pegan
y los ojos se envenenan de luz falsa.

Abajo,
esperando en el andén,
como plantas tristes
apenas arraigadas en una tierra pobre,
desmedrando olvidadas,
se impone un silencio catedralicio.

Cuando, al fin, llega el metro soltando alaridos,
con solo dos pasos al frente

y, sin apartar los ojos de sus más cotidianos desvelos,
se meten dentro;
se acoplan como autómatas
en busca de una esquina para dormitar.

Y, al poco, el tren se pone en marcha.

Como cada mañana,
van camino de ese lugar
adonde nunca deberían haber llegado.

INTERMEZZO ISLEÑO

Ser tan solo una sensación:

este calor sobre los brazos;

el tacto de la brisa que alivia
y vivifica;

el parloteo del agua que cae
sobre la paciencia de la piedra;

el suspiro del ave
que acecha la vida entre la fronda de palmas;

el vértigo
que se instala en el fondo de los ojos,
cuando trato de acceder al laberinto de los vencejos;

la caricia rugosa de la roca de fuego:
negra,
húmeda,
porosa,
trabajada por el agua de la montaña;

lo soledad de cada tarde;

el mañana cansado.

ÚLTIMAS VOLUNTADES

I

Borrar todas las huellas.

Que nadie se lleve a engaño:

nunca
estuve
aquí.

II

Lava la lluvia la tierra.

Como una hoja seca
caer,

y, ya en el fango,
con alivio,
descubrir
el vacío mineral
al que todo ha de volver.

AFILANDO MI CUCHILLO

Cómo pesan estos días sin alma,
sin hojas en las ramas
ni en la tierra
preñada de olvidadas tristezas.

Mañanas
que nacen ya usadas,
abaratadas por saberes melancólicos y suicidas,
contra las que la luz nada puede.
Turbias mañanas de niebla
por las que mis pasos, fantasmales,
no dejan huella.

Y es en este tipo de mañanas,
cuando me da por preguntar,
por dónde andarán
las sombras de aquellos que,
en otros días,
acompañaban mis pasos;
de aquellos que me ofrecían su palabra,
como el que entrega el fruto maduro del árbol
bajo el que se hizo la vieja promesa.

Una palabra,
si no sanadora,
cuanto menos sedante,
lenitiva,
seguro que falaz,
pero necesaria para la vida.

Claro que también las sombras
se cansan de seguir pasos ajenos.

Bien es verdad
que hubo un día
en que el desgarro las hizo verter
lágrimas redondas como piedras;
y pronunciar discursos
que aún recuerdas
y que parecían sacados de los viejos libros de sabiduría.

Aunque, últimamente,
aquellas piedras de la vieja tristeza
ya no me sirvan ni para jugar con ellas:
se me clavan en los pies desnudos,
cuando trato de dar dos pasos seguidos.
Y lo que pudieran enseñarme los antiguos versos,
hoy,
resulta inútil para sobrevivir
en estos días de ceguera,
confusión y recelo.

Y no hay palabras nuevas
ni nuevos pasos
ni solitarios árboles
bajo los que imaginar, juntos,
luminosos amaneceres.
Solo queda el recuerdo gastado,
la rabia
y una vaga sensación de estafa,
que me hacen echar mano
al cuchillo recién afilado.

CONTACTO CON EL ÁNGEL

a mi abuelo Plácido

Con temerosos pasos avanzaba
por la habitación a oscuras
hasta llegar junto a su cama.

Allí,
en tenso silencio,
aguardaba unos segundos
hasta que mi abuelo Plácido
notaba mi presencia
y acercaba su mano hasta mi rostro.

Una mano que olía a transparencia
y a jabón tibio.

Cerrando los ojos,
me concentraba, entonces,
en cómo aquella mano recorría,
con exquisita ternura,
mi piel;
rozándola apenas con las yemas de los dedos.

Para mí era un instante sagrado;
un espacio solo mío, en el que entraba en contacto
con lo más íntimo y perfecto de la vida humana;
un pálpito detenido de reconocimiento;
un acto de amor.

Pasados unos breves segundos,
mi abuelo Plácido,
-con una voz
en la que yo creía reconocer,
con cierta angustia,
una extraña mezcla de gozo y melancolía-
sonreía
y pronunciaba mi nombre.

Ahora,
cincuenta años después,
sé
que, en aquella estancia oscurecida,
donde mi abuelo pasaba sus últimos días,
comenzó a tejerse
el hilo invisible
que, nacido de aquel silencio roto,
iba a unir para siempre
mis ojos,
que apenas se abrían a la vida,
con la ciega mirada de aquel hombre bueno
que se despedía,
en paz,
y para siempre
de ella.

MADRID: BUS 35, METRO LÍNEA 6

Noche.

Un paño de lágrimas inútiles
se desliza sobre la piel fría del cristal de la marquesina.

Los altos de Carabanchel alargan su sueño vacío:
remedo de sí mismo,
un día y otro,
y otro también.

Hay sombras que se esconden,
que quieren no estar,
y se reducen al mínimo:
se vuelven nulas,
inexistentes.

Pero el bus llega,
y suben en silencio,
como larvas ciegas,
hacia la acogedora soledad de la niebla.

Son, cada mañana, las mismas.
Viajan en idéntico lugar,
se balancean con delicados vaivenes
en el lugar que las iguala
en una danza triste y menesterosa.

En Oporto el autobús se vacía.
La boca del metro,
recién desperezada,
acoge sus cuerpos con indiferencia y glotonería fanática.

Nadie habla.
Nadie mira.
Nadie parece saber qué le empuja
hacia esa profundidad de amarga expectativa.

Aún deben esperar
la llegada de un tren
que las acercará, un paso más,
a un destino que no quieren,
que no supieron leer
en las viejas páginas del silabario.

Mañanas de cada día.
Noches de cada dolor.
Madrugadas amargas
que confinan con la postrera oscuridad.
Rueda interminable de ratones bobos:

mis semejantes,
mis hermanos.

EL HOMBRE SIN CABEZA

Había un hombre sin cabeza;

y mi madre apartaba una cortina oscura y pesada,
y me miraba con atención,
como diciendo:
aquí tienes la sorpresa.

Y, tras la cortina,
estaba mi padre de espaldas,
inconfundible
con sus rizos entrecanos.

Y, respondiendo a mi asombrado silencio,
mi madre añadía:
ahí lo tienes,
nos dijeron que estaba muerto,
pero vive.

Y, al momento,
yo era un niño de unos siete u ocho años,
y me abrazaba a la cintura de mi padre,
llorando sin consuelo,
y apretaba mi rostro contra su vientre
repitiendo: papápapápapápapápapápapápapá,
mientras él me acariciaba el pelo.

Y, entonces,
por fin comprendía
que aquel hombre sin cabeza
era yo.

BIENES

a Nieves

Primero llegó tu voz
hasta mis ojos y mi piel,
y no tuve más que seguir el rastro
de esa dulce armonía con la que hablas de las cosas.

A diario, me enseñas
que la vida puede merecer la pena
a pesar de todo.

No creo ser un buen alumno ni el mejor compañero
ni el mejor amante ni el mejor amigo,
pero tengo una buena espalda
para salir contigo a cuestas de cualquier fuego.

Me conquistaste con tu voz.

Con cada día que pasa
me empujas a más con tu ejemplar silencio.

EL PERSONAJE

Solo piensan en cifras,
en fórmulas,
en euros, dólares y pesos,
en sacarle beneficio a sus propias heces,
a su semen,
a sus lágrimas,
al dolor en su costado.

En cuadrar operaciones que nunca cuadran,
en buscarle tres pies a la sombra de un gato,
en triangular un círculo,
en llenar su vacío.

Son los hombres llamados a triunfar;
los nombres que aparecen en los libros.
Son los padres y son los hijos,
y alguna madre, también,
con su elegante traje de chaqueta.

Alguna vez, hace años,
tuve trato con ellos:

ahora debo confesarlo.

Visité sus casas,
me invitaron a sus fiestas,
disfruté de sus manjares,
follé con sus hijas y sus nietas,
recibí sus parabienes y sus consejos.

Fueron tan torpes e ingenuos
que me tomaron por uno de los suyos.

Hoy en día,
cuando vuelvo a pasar por sus barrios,
me arrimo a las paredes y bajo la mirada.

En un tiempo ya lejano,
uno de aquellos
trató de ilustrarme
acerca de lo que valía realmente la pena
en la vida.

Entonces, era muy joven y abría a todo las orejas.

El dinero
-me decía-
es lo único que importa,
lo único que te va a dar la felicidad.

Es verdad que él tenía mucho:
compraba cuadros,
antigüedades,
(ahí tengo al restaurador con el berruguete)
pagaba a un chófer y a un mayordomo,
y los chaperos más caros de la calle Almirante
frecuentaban su cama.

Con los años supe de sus desgracias,
de los robos y las agresiones;
de las enfermedades
y de su muerte en soledad.

Por aquel entonces,
era alguien en ese mundo de revistas y titulares.
Hoy nadie sabe ya quién fue.

Ahora,
cuando cruzo bajo sus balcones,
pienso en todo aquel dinero
y en las gilipolleces que trataba de inculcarme
con total convencimiento;

en su patética soledad
y en su empalagosa colonia.

Cada vez que me encontraba con él y me tocaba,
tenía que lavarme las manos cuarenta veces,
para quitarme de encima aquel pestazo dulzón
a prematuro cadáver.

LAS BUENAS PERSONAS

¿A cuánto se cotiza hoy
sobre el parqué de la plaza de la Lealtad
la hora de vieja en soledad?

Las corporaciones,
que ven cómo aumentan sus ingresos
con las pústulas y los vómitos
de estos viejos que solo sienten
cómo se alargan inútilmente sus agonías:
¿Están satisfechas con sus beneficios?
¿Tienen alguna queja que plantear a las autoridades?

De unos años a esta parte,
la soledad, el dolor y la muerte de los viejos,
cotizan en bolsa.
En los templos, en los palacios y en las últimas plantas
de torres altísimas,
los dorados brillan más
gracias a esas viejas y esos viejos.

¿Qué son miles de ellos muriendo entre mierda y ratas?
¡Frótame más esa barandilla y bórrame esas huellas,
si no quieres estar mañana refregando urinarios en el Retiro,
coño!

Y, hablando de ratas,
hace años
—es muy gracioso, os vais a descojonar—

me contaba Ana, mi exmujer,
cómo tuvieron que intervenir los bomberos
para poder liberar el cadáver de una vieja que había muerto
sola en su casa,
en la calle Tesoro o por ahí.
Las uñas de los pies le habían crecido tanto,
pre y post mortem,
y el colchón, sobre el que había pasado sus últimos y
   confortables días,
estaba tan raído y deshecho,
con la lana comida por las ratas,
que las uñas de los pies se le habían ido enroscando
entre los muelles del somier,
en diez hermosas y perfectamente geométricas
espirales de queratina.

Imaginad qué belleza.

No me digáis que no es una estampa poderosa.

Ahora, me estoy ocupando personalmente de una vieja.
Vive en mi edificio,
en el primero,
y ocuparme de ella me hace sentir mucho mejor persona.
Compro los productos que me pide,
le limpio las vomitonas que se echa encima,
su perro se caga por la casa, y yo recojo las heces,
ítem más con los orines,
le preparo un tazoncito de nutribén
o le pelo un plátano,
le seco las babas,
le bajo la basura.

Soy un gran tipo.

Ayer me dijo que tenía frío,
y es verdad que no le hice mucho caso.
Le contesté, desabrido, que llamara a su hermano.
Me pilló de mal humor,
y estaba tirado en el sofá.
También tengo derecho,
digo yo.
Porque mi vieja tiene hermano, y cuñada y sobrinos.
Lo que pasa es que no le hacen ni puto caso.

Es lo que tiene la vida:
llega un momento en que, no sabes por qué
-o sí lo sabes
o lo puedes intuir,
pero prefieres no recordártelo-
te quedas sola,
y lo que sea de ti, a nadie le da ni frío ni calor.

Es lo que le pasa a mi vecina,
que a nadie le importa una mierda su vida.
Si acaso al perro,
que se tumba sobre su inmunda cama a los pies de su dueña,
como en la estatuaria funeraria renacentista.

Esos perros simbolizan la fidelidad,
dicen los que entienden.

Fidelidad, pues, entre perro y vieja,
como en la Ilaria del Carretto de Lucca,
pero con un hedor de mil demonios.

Probablemente, sea el mejor sentimiento
que quede en esa casa:
la fidelidad de ese viejo y feo animal
para con su ama.

A mí, el perro ha intentado morderme ya varias veces,
pero se lo perdono.

Igual que le perdono a mi vecina que me llame todos los días y
    a todas horas,
que me haga peticiones delirantes,
que me diga que se va a quitar la vida:
muy bien, le contesto,
me parece una opción muy respetable.

Que me diga que tiene frío,
que tiene su única manta cagada y meada,
y ya no le sirve.
Pues llama a tu puto hermano, joder,
y que te traiga una puta manta,
y deje de tocarse los cojones en su bien caldeado piso de Retiro.

Eso me dan ganas de decirle,
pero no lo hago.
Y mientras,
hago lo que puedo
y, sin saberlo, acumulo ira sobre ira.
Que ya me lo advierte el psiquiatra:
cuidado con la ira acumulada.

Ayer mismo estuve a punto de dejarla salir.
Un poco antes, le había subido a mi vecina
un litro de zumo de manzana y cuatro yogures de limón, en
oferta.
Poco después, volví a la calle y me crucé con él.
Salía con el coche de un garaje
y me bloqueó el paso en la acera:
rapado, gafas de sol,

audi A4 reluciente.
No le había visto en la vida.
Desafiante, bajó la ventanilla.
No llegó a quitarse las gafas.
Después de unos segundos de retarnos en silencio,
alguna voz interna debió recomendarle que continuara con su
camino.
Algo tuvo que ver en mis ojos:
algo animal,
implacable,
asesino.
Nada
que no pudieran albergar, llegado el caso,
cualquiera de esas a las que llamamos,
como si tal cosa,
buenas gentes.

DONDE VUELAN LOS PÁJAROS AZULES

La niña se llamaba Elodie y tenía quince años.

Elodie poseía solo un vestido:
un pareo naranja
en el que pájaros azules parecían bailar.

Elodie era solo huesos,
pellejo y tendones marcados;
tenía el rostro lleno de churretes de mugre,
y su pelo era una costra compacta de polvo y agua sucia.

Elodie tosía siempre;
tosía con una energía imposible
para aquel cuerpo demacrado
que, con cada nuevo acceso,
parecía desmembrarse, descoserse,
terminarse.

Hacía solo dos meses,
Elodie había tenido un bebé.
Un bebé diminuto
que cargaba sobre su espalda,
sujeto por un trozo de tela raída.

Cuando Elodie trabajaba en la mina,
el bebé agitaba su cabeza,
de un lado a otro,
como un pelele,

incluso estando dormido.
Algunos encontraban todo esto muy gracioso.

Desde los nueve años, Elodie vivía sola.
En el plazo de unos pocos meses,
había perdido a su padre y a su madre.
Desde este momento,
soldados y mineros comenzaron a abusar de su cuerpo.
Algunas veces a cambio de unas pocas monedas,
otras a cambio de nada.

Finalmente, uno de aquellos hombres le pegó el sida.

Finalmente, uno de aquellos hombres la dejó preñada.

Desde que nació el bebé,
Elodie prefirió trabajar solo en la mina.
Con una barra de hierro golpeaba la tierra,
de sol a sol,
en busca de mena de cobalto.
En un buen día de trabajo,
Elodie podía ganar poco más de un dólar estadounidense.

Una mañana,
los guardias encontraron sus cuerpos en una zanja,
bajo un árbol espinoso:
Elodie estaba muerta y su bebé, también.
Junto a sus magros despojos,
los guardias encontraron su única posesión:
la barra de hierro
con la que Elodie ya no extraería más mena de cobalto.

Los mismos guardias y los mismos mineros
que habían usado y abusado de su cuerpo,
lo enterraron con su bebé en cualquier sitio,
a flor de tierra,
sin señal alguna que los recordara:
como el que oculta un crimen.

Elodie y su bebé suponen el culmen
de una trágica tradición familiar:
su padre murió en la mina,
su madre murió en la mina,
su bebé murió en la mina,
Elodie murió en la mina.

Miles de niños y niñas extraen cobalto
en el Congo.
Niños y niñas que no juegan ni van a la escuela.
Niños y niñas que mueren sepultados por los derrumbes.
Niños y niñas que quedan lesionados de por vida.
Niños y niñas que enferman y que son sexualmente abusados.

En el Congo, las madres y los padres gritan
que sus hijos e hijas mueren como perros
y a nadie le preocupa lo más mínimo.

El cobalto es necesario
para que las baterías
de móviles, tabletas, ordenadores o automóviles,
duren más y no se calienten en exceso.

Así que el cobalto hace que la vida de muchos
sea una vida más cómoda,
más despreocupada.

Honestamente, no sé si hay más misterio.

Ahora, voy a pedirte una cosa:
según algunos estudios,
miramos el móvil a diario unas ciento cuarenta y dos veces;
pues bien,
quiero pedirte que, cuando vuelvas a mirar tu teléfono,
en una de esas ciento cuarenta y dos ocasiones,
dediques un instante a pensar en Elodie;
a imaginar su frágil figura
cubierta por aquel pareo naranja,
por donde parecían bailar unos pájaros azules.

Creo que no es mucho lo que pido.

Al fin y al cabo,
gracias a Elodie y a niñas y niños como ella,
tu móvil se carga con gran rapidez
y, así, puedes seguir disfrutando de divertidos vídeos en
    Instagram
o puedes comprobar si va a llover o a lucir el sol, al día
    siguiente,
y elegir tu ropa en consonancia.

Es lo mejor que tiene el progreso:
lo mucho que nos facilita la vida,
y el tiempo que nos ahorra,

para que lo podamos dedicar
a lo que, de verdad,
importa.

FINAL

En lugar de iros a una playa sucia y atestada del infame levante
  español,
en vuestras próximas vacaciones,
como, en el fondo, no sabéis ya qué coño hacer
y os aburrís en todas partes,
os sugiero un tour por la República Democrática del Congo
donde los belgas dejaron un grato recuerdo de su carácter
  estrictamente belga.

Allí,
en una inhóspita región de este país arrasado por la codicia,
próxima al lago Malo,
cuando el viento arrecia con fuerza,
sacudiendo las cabezas
de los escasos árboles que aún quedan en pie,
podréis contemplar,
sobre la tierra yerma,
un trozo de tela naranja que parece brotar del suelo.

Se trata de toda una atracción turística.
Échale un ojo al Civitatis: verás qué puntuaciones.
El tour de un día para visitar el jirón de tela de Elodie:
Cinco estrellas.
Excepcional.
A partir de treinta dólares.

Hasta allí,
os van a acompañar genuinos mineros y soldados congoleños.

Algunos, incluso, de los que participaron en su día en las
   violaciones de Elodie.
Y que os darán todas las explicaciones necesarias
sobre aquellos magnos acontecimientos
que condujeron a la muerte de la pequeña.

Se permite hacer fotos,
no os preocupéis;
y los palitos selfie son admitidos también.

Una vez conducidos hasta el punto exacto,
vais a poder contemplar
el que ya es conocido en todas partes como el milagro de
   Elodie.
Solo tenéis que permanecer allí el tiempo suficiente,
contemplando, en silencio si es posible,
el raído despojo naranja que asoma de la tierra.

Entonces, aprovechando la luz mágica del sol poniente,
vais a ser testigos de cómo
un pequeño bando de pájaros azules,
inesperadamente,
levanta gracioso el vuelo
y se aleja, surgido de la nada.

Y así, se viene cumpliendo a diario el milagro de Elodie.

No hay más.
No esperéis más, pero tampoco menos.

Un trozo de tela naranja en mitad de la tierra seca,
y unos pájaros azules pintados que, mágicamente,
se materializan,
alzan el vuelo
y se alejan en la tarde.

No lo creeréis,
pero el tour tiene un gran éxito.

Acabamos la visita
en una de las chozas
donde mineros y soldados
elaboran y consumen el popular lotoko:
la bebida fermentada
que les permite alcanzar el ánimo más adecuado
para poder violar y asesinar sin conciencia.

En el caso de los turistas que contraten la excursión,
se les recomienda un uso responsable del lotoko.
La experiencia nos enseña
que, en general,
la gran mayoría de nuestros visitantes
admiten la bebida con suma naturalidad,
y regresan a sus hoteles con un espíritu positivo y exaltado.
Durante nuestros muchos años de experiencia,
tan solo hemos observado unos pocos casos de rechazo,
manifestados con malestar, mareo y vómitos.
Pero han sido los menos.

En este tipo de experiencias,
siempre corres el riesgo de que se te pueda colar
algún tipo raro,
de esos
que se salen de lo que suele ser lo habitual.

ÍNDICE